中國社會科學院歷史研究所藏甲骨墨拓珍本叢編（第一輯）

宋鎮豪　主編　　馬季凡　編纂

繪圖所藏甲骨

宋鎮豪署

上海古籍出版社

圖書在版編目(CIP)數據

繪園所藏甲骨/宋鎮豪主編;馬季凡編纂. —上海:上海古籍出版社,2019.5
(中國社會科學院歷史所藏甲骨墨拓珍本叢編. 第一輯)
ISBN 978-7-5325-9191-6

Ⅰ.①繪… Ⅱ.①宋… ②馬… Ⅲ.①甲骨文-拓片-圖集 Ⅳ.①K877.12

中國版本圖書館 CIP 數據核字(2019)第 060211 號

中國社會科學院歷史研究所創新工程項目

中國社會科學院歷史研究所藏甲骨墨拓珍本叢編(第一輯)

繪園所藏甲骨

宋鎮豪　主編

馬季凡　編纂

上海古籍出版社出版發行

(上海瑞金二路 272 號　郵政編碼 200020)

(1) 網址:www.guji.com.cn

(2) E-mail:guji1@guji.com.cn

(3) 易文網網址:www.ewen.co

上海界龍藝術印刷有限公司印刷

開本 889×1194　1/16　印張 5.25　插頁 4

2019 年 5 月第 1 版　2019 年 5 月第 1 次印刷

ISBN 978-7-5325-9191-6

K · 2642　定價:68.00 元

如有質量問題,請與承印公司聯繫

繪園所藏甲骨

叔父所藏甲骨二百零三事裒之成冊以贈絜齋時二十六年也

高冰祈題記

本書爲二〇一七年國家古籍整理出版專項經費資助項目

目　　録

序

殷墟甲骨文是地下出土中國最早的成文古典文獻遺産,傳承着中華文化的基因,從 1899 年發現至今,經海内外學者們 120 年來前赴後繼的探索,其中反映的殷商文化奥秘被逐漸揭開,甲骨學巋然成爲一門舉世矚目的國際性顯學。甲骨文出土材料流傳不廣,能接觸揣摩的更不易,墨拓甲骨片遂成爲方便傳播甲骨文物影像的複製品,同時更是重建中國上古史,透視三千年前殷商社會生活景致,尋繹中國思想之淵藪、中國精神之緣起、中國信仰之源頭、中國傳統文化特質與品格之由來、中國藝術美學之發軔的最真實的素材。

中國社會科學院歷史研究所先秦史室是甲骨文研究重鎮,藏有大批甲骨文拓本集,其來源相繫於建國初制定的"國家十二年科學發展遠景規劃"中被列爲歷史學科資料整理重點項目的《甲骨文合集》的編集,得益於當年"全國一盤棋",受惠於全國文博、考古、科研、教學各界的無私襄助,以及海内外許多收藏家的饋贈捐獻或轉讓。我們近年在編纂《甲骨文合集三編》中,發現有相當一批甲骨文拓本爲當年《甲骨文合集》及後來的《甲骨文合集補編》所漏收。有的甲骨文拓本集,《合集》與《補編》僅僅選用了其中少量拓片,有的拓本集甚至根本没有被采選。今檢此批編餘的甲骨文拓本集尚有 60 餘種計約 62 300 片,許多都是 20 世紀 50 年代以前更早時期的拓片,而其甲骨實物有的早已下落不明,有的雖知下落,甲骨却已經破碎不全,遠不及早期拓本完整,史料價值亦相應降低。此批拓本集中,不少屬於海内外難見的珍本或孤本,學界尋覓已久,是唯一性的,具有新材料的文物價值和古文字與古史研究的重要學術價值。但因此批甲骨文拓本集塵封已久,紙張破碎零落,需要對其進行搶救性破損修復和有序保護整理。

2011 年中國社會科學院歷史研究所創新工程項目啟動,由我主持的"歷史所藏甲骨墨拓珍本的整理與研究"被批准爲其分項目之一,也可以説是因於國家社科基金重大課題《甲骨文合集三編》編集的前緒而設立的。主要創新點是立足於甲骨文物遺産整理保護、科學研究、學術史追踪、文化傳播及歷史教育之目的,擴大視野,探賾索隱,深入挖掘每宗甲骨文資料的原始信息及其學術史價值,在項目實施中,配合甲骨學科建設並加强中青年專業人才的歷練。目標任務是編纂完成"中國社會科學院歷史研究所藏甲骨墨拓珍本叢編",計劃精選 10 種左右,進行搶救性破損修復、分批整理、數字化存檔、追踪甲骨源流、辨析甲骨真僞、鑒定材質、區分組類、斷代分期、綴合殘片、考釋文字、解析文例、詮釋史料,最終以叢編單册形式出版,爲甲骨學和殷商史研究提供一批經過專業水準編纂的甲骨文著録書。

此次公布的《繪園所藏甲骨》,收甲骨拓本 102 片,原爲藍布書衣線裝本一册,版式尺寸高

34、寬 23 釐米;内葉宣紙中縫對折,白口,版心下方鎸"續園長物"四字。凡 66 葉,正面白葉,有橙色外粗内細雙線欄,欄高 26.2、寬 18.5 釐米。反面欄有直界行 12 道,行寬 1.5 釐米。版心寬 1.2 釐米,天頭高 5.6 釐米,地腳高 2.1 釐米。扉葉有商承祚篆書題簽"繪園所藏甲骨"兩行六字,落款蠅頭小楷記云:"敘父所藏甲骨一百零二事,裝之成册,以贈栔齋,時二十六年也。商承祚題記。"下鈐白文篆印"商"和朱文篆印"已廎"兩方。是知這批甲骨拓本是敘父早於 1937 年前所拓。

敘父即何遂(1888—1968),又字敘甫、敘圃,號繪園,亦號續園,福建閩侯人。何遂 16 歲從軍反清,19 歲加入中國同盟會,發起成立同盟會廣西支部。28 歲任北京政府上校武官派赴歐洲參加第一次世界大戰。36 歲任國民軍第三軍參謀長、國民軍空軍司令、北京政府航空署長,授銜空軍中將。北伐中,策反了吳佩孚北洋軍閥部分官兵起義。還擔任過黃埔軍校"代校務"、國民政府立法委員、立法院軍事委員會委員長。1935 年 11 月 15 日,他與福建名畫家李雲仙在南京聯合舉辦了一場"李雲仙、何敘甫兩先生國畫展覽會",賣畫賑災救國。1939 年他以國家民族大義爲己任,"毀家紓難",變賣家產,反蔣抗日,與中共高層建立了聯繫。新中國成立後,他先後擔任華東軍政委員會委員、司法部長、政法委員會副主任,是第一、二、三屆全國人大代表、人大法案委員會委員。[1]

何遂熱衷文物考古事業,嗜好古物收藏,原藏甲骨文數百片,且著書立説,對甲骨文亦有研析,國家圖書館普通古籍書庫藏有何遂著《敘圃甲骨釋略》[2]一册,毛筆行楷,共 34 葉,扉葉有篆書署"殷虚甲骨文字,商承祚題",以及陳獨秀題簽"抱殘守缺,題敘甫先生甲骨殘版,廿六年三月(1937 年 3 月),獨夫"。

何遂對於自己的文物藏品並不秘守,曾經將其甲骨拓本分贈同好。郭沫若《卜辭通纂》,收"何遂氏藏甲骨拓片 16 片",其在"述例"六云:"又蒙何敘甫氏以所藏甲骨拓本,然均在《通纂》已編成之後,爰選……何氏拓本十六片……輯爲'別錄之一'以附於書後。"[3]商承祚《殷契佚存》,收"侯官何氏藏"甲骨拓本 61 片(第 194—254 號)。[4]胡厚宣《甲骨續存》也收有王林提供的何敘甫甲骨拓本 27 片。[5]董作賓《殷虚文字外編》著録"何敘甫 110—144、202—227"甲骨拓本凡 61 片。[6]

何遂所藏甲骨,今知部分已歸國家博物館所藏。據陳夢家《殷虚卜辭綜述》附録統計"未發表完全之拓本"云:"何遂舊藏,今歸北京圖書館 72 片(一部分見《佚》、《別一》)。"[7]又據胡厚宣《大陸現藏之甲骨文字》一文,記北京地區零散甲骨拓本有云:"何敘甫氏舊藏甲骨文字拓本,一册,138 片,張瑋舊藏。此爲何敘甫氏早期所得,重要者已著録在《殷契佚存》……原骨

[1] 何達、王苗:《何遂遺踪:從辛亥走進新中國》,人民出版社,2012 年。又范南虹:《何遂家族的革命秘史》,《海南日報》2011 年 11 月 14 日。
[2] 何遂:《敘圃甲骨釋略》,1941 年石印本。又收入《甲骨文研究資料匯編》第 19 册,北京圖書館出版社,2008 年。
[3] 郭沫若:《卜辭通纂》,日本東京文求堂書店石印本四册,1933 年。
[4] 商承祚:《殷契佚存》,金陵大學中國文化研究所叢刊甲種影印本,1933 年。
[5] 胡厚宣:《甲骨續存》,上海群聯出版社,1955 年。
[6] 董作賓:《殷虚文字外編》,臺北藝文印書館,1965 年。
[7] 陳夢家:《殷虚卜辭綜述》,科學出版社,1956 年,第 673 頁。

今歸北京圖書館。"又云："中國歷史博物館：所藏包括……北圖撥192片（原何遂藏）。"[1]是知國家博物館（前身爲中國歷史博物館）的何遂原藏品，係前北京圖書館轉撥而來。

何遂原藏甲骨拓本册，存世有好幾種。譬如胡厚宣師所記，有北京大學圖書館藏"殷契卜辭原拓稿本，四函31册"，内附"何叙甫藏2册72片"，又有北京圖書館藏"何遂舊藏甲骨拓本138片"，即張瑋舊藏本。[2]據徐自强、冀亞平《北京圖書館金石拓片的收藏整理與研究》一文，也記有"何叙甫舊藏71片"。[3]另外臺灣中研院歷史語言研究所也藏有一部1935年粘裝拓本《何叙甫藏甲骨文》。

此册歷史所藏《繪園所藏甲骨》，過去未見記録，係何遂1937年贈與契齋商承祚的集子，墨拓時間遠遠早於北京圖書館撥交甲骨拓片與中國歷史博物館的20世紀50年代；60年代商氏又捐贈給歷史所，提供編纂《合集》選用。原骨今藏國家博物館，其中有16片爲《甲骨文合集》、《甲骨文合集補編》所漏收，約有10片今去向不詳。此次整理仍按原式順序編次，標其甲骨材質、分期和著録情况。全部甲骨釋文及有關綴合信息由宋鎮豪、孫亞冰統其成，《繪園》甲骨拓本的辨析、校重、著録信息檢索七表的製作，由馬季凡負責承擔。上海古籍出版社吴長青編審、姚明輝編輯爲本書出版付出不少辛勞，誌此申謝！

《繪園所藏甲骨》作爲"中國社會科學院歷史研究所藏甲骨墨拓珍本叢編"之一種，在向學界提供一部塵封已久的甲骨文著録書之際，敬以紀念繪園何遂、契齋商承祚兩位老前輩曾經爲甲骨文的收藏和傳播所作出的貢獻，亦用以紀念甲骨文發現120周年，希望能夠爲甲骨學與殷商史研究增添助力。期盼讀者批評賜正。

宋鎮豪

於中國社會科學院歷史研究所

甲骨學殷商史研究中心

2019 年 4 月 16 日

---

［1］ 胡厚宣：《大陸現藏之甲骨文字》，《中研院歷史語言研究所集刊》第六十七本第四分，1996 年。
［2］ 胡厚宣：《大陸現藏之甲骨文字》，《中研院歷史語言研究所集刊》第六十七本第四分，1996 年。
［3］ 徐自强、冀亞平：《北京圖書館金石拓片的收藏整理與研究》，《北京圖書館館刊》1998 年第 1 期。又，孫亞冰博士近諮詢國家圖書館趙愛學先生，知國家圖書館現藏有五套繪園拓本，其中四套題簽《繪園舊藏甲骨文字》，内均收 6 組綴合。另一套書衣題《北京圖書館藏繪園甲骨點交册》，日期署"一九五九年七月三十日"，未見有綴合片，所收片數爲 129 片。

凡　　例

一、《繪園所藏甲骨》爲中國社會科學院歷史研究所藏本，係何敘甫贈商承祚的拓本册，收甲骨拓本 102 片，其中 16 片未見諸《合》與《合補》。

二、本書分爲甲骨拓本、釋文、表格三部分。

三、甲骨拓本編次順序一遵原式。

四、本書甲骨拓本均按原大著録。原拓本有倒置者，皆乙正，並加注説明。

五、本書甲骨釋文，在每片甲骨序號後，依次標其材質、分期、著録情況等。分期與《合集》保持一致。甲骨釋文下或適當加以簡説。凡有綴合者，則插入其綴合圖片，給出其整版釋文；對有關甲骨的綴合信息、同文等亦有簡單介紹。

六、本書甲骨釋文用"□"表示缺一字；"☒"表示所缺字數不詳；字外加〔　〕號，表示按照文例擬補之字。凡異體字、通假字或古今字，則在字後以（　）號標出。

七、本書甲骨釋文，卜辭命辭末尾一律用句號，不標問號。

八、釋文、表格中引用甲骨著録書等采用簡稱，爲避免繁瑣，一律不加書名號。

九、本書表格，主要爲檢索《繪園》甲骨的著録信息，表一是檢索總表，表二～五是部分書與《繪園》著録信息對照表，表六是《繪園》甲骨綴合表，表七是引用甲骨著録書簡稱表。

甲骨拓本

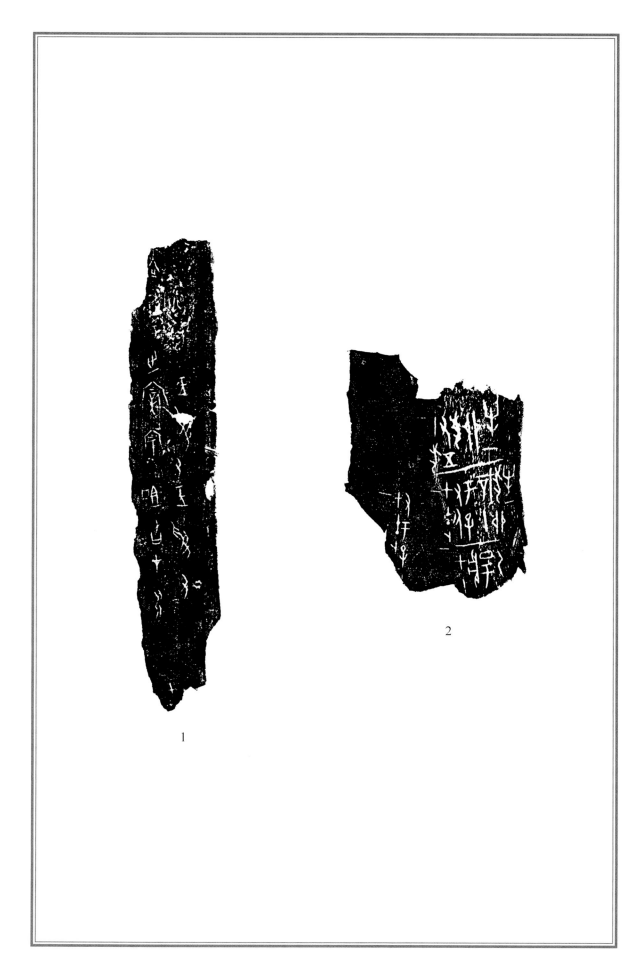

1

2

3

4

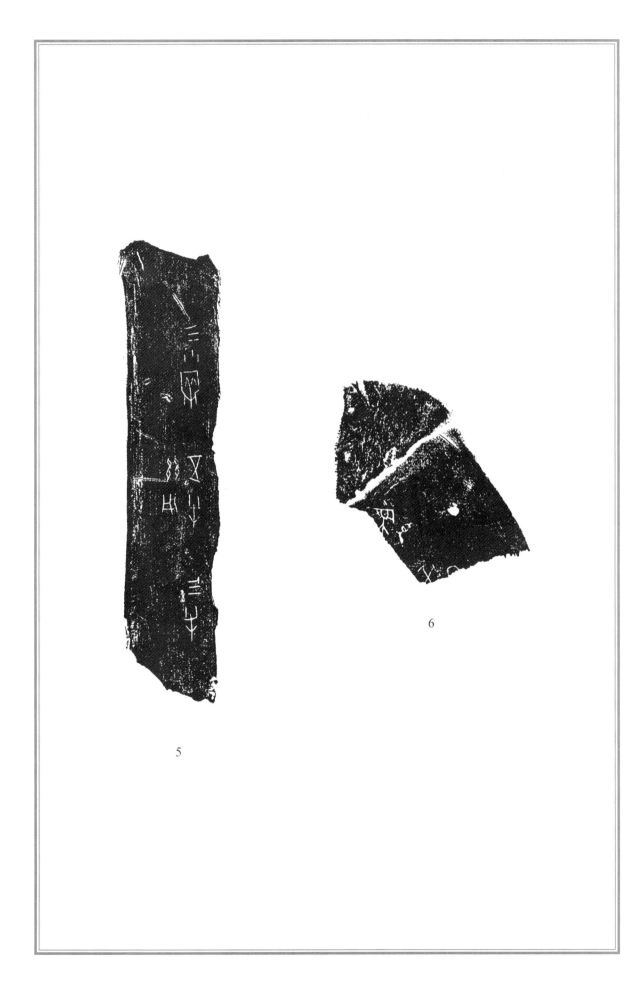

6

5

7

8

9

10

11

12

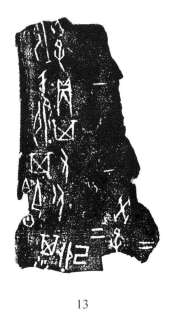

13

14

15

16

17

18

19

20

21

22

23

24

26

25

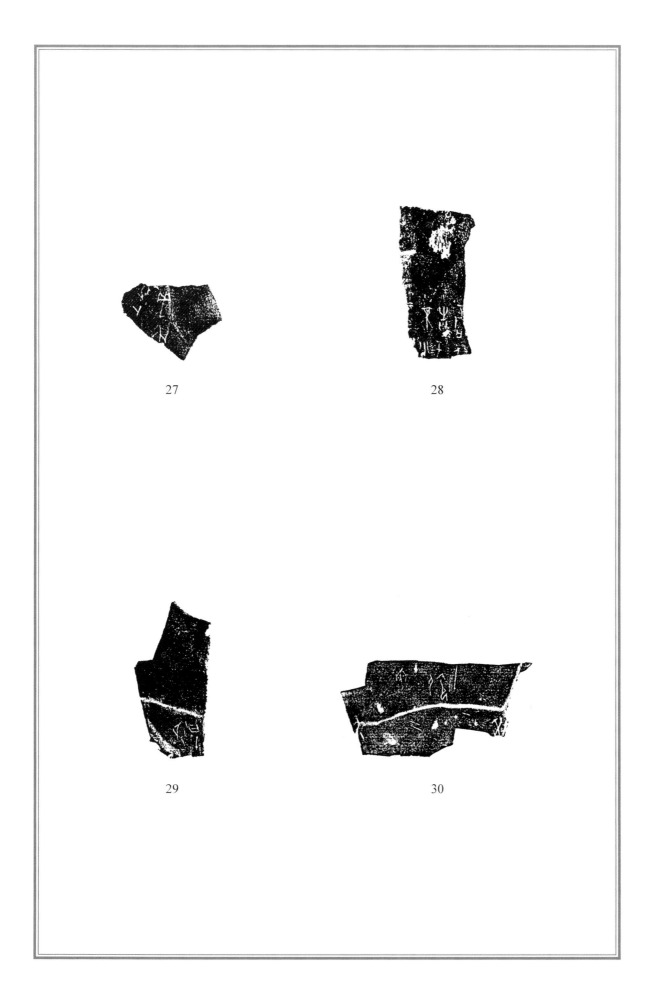

27

28

29

30

31

32

33

34

35

36

37

38

39

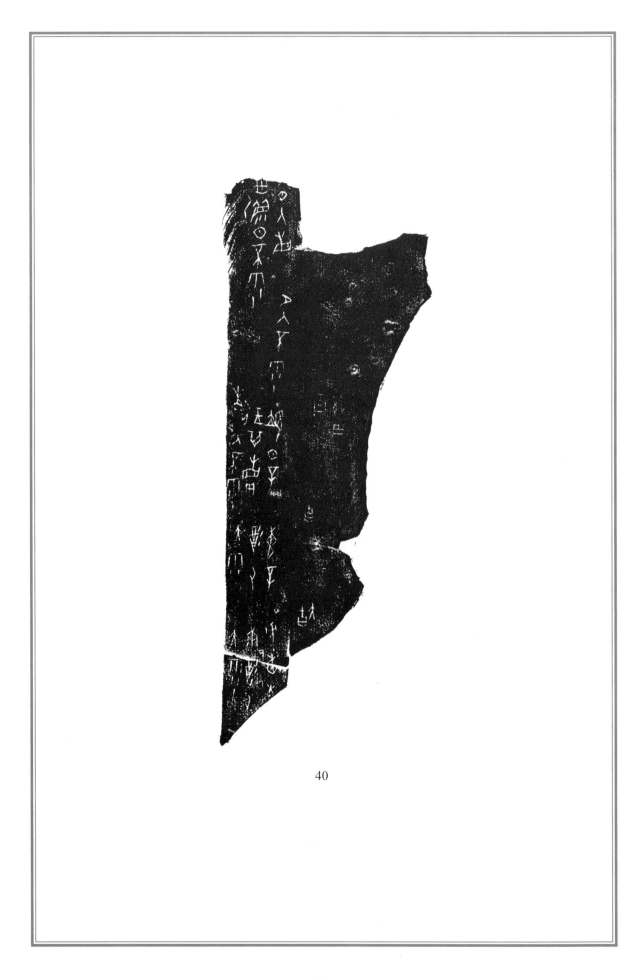

40

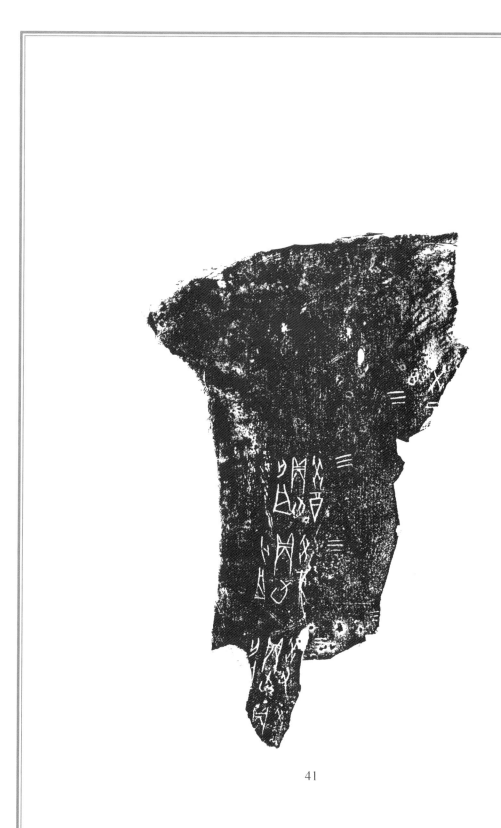

41

42

43

44   45

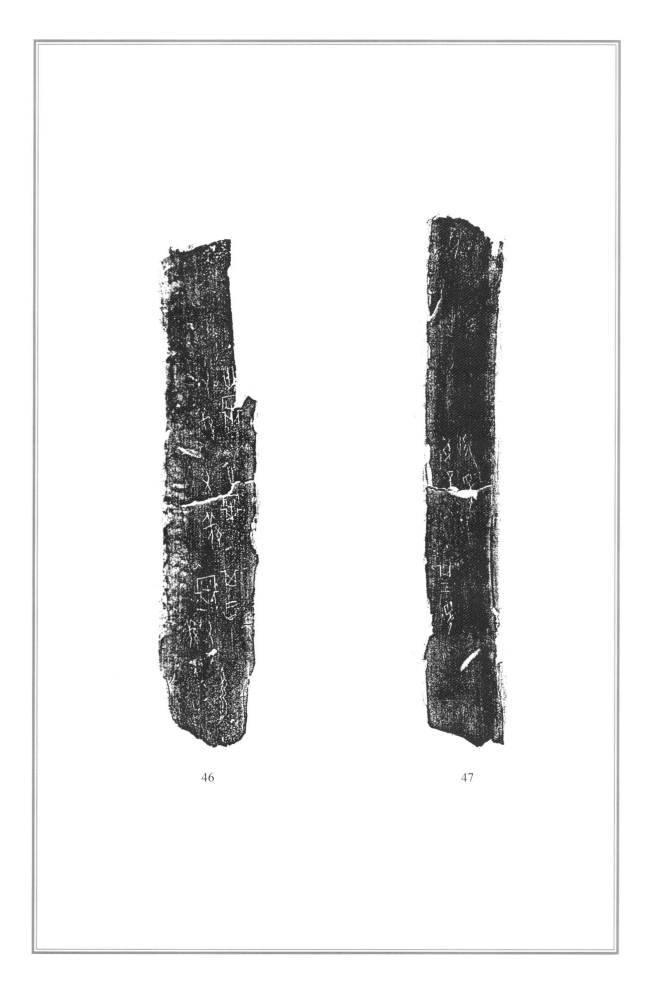

46   47

48   49

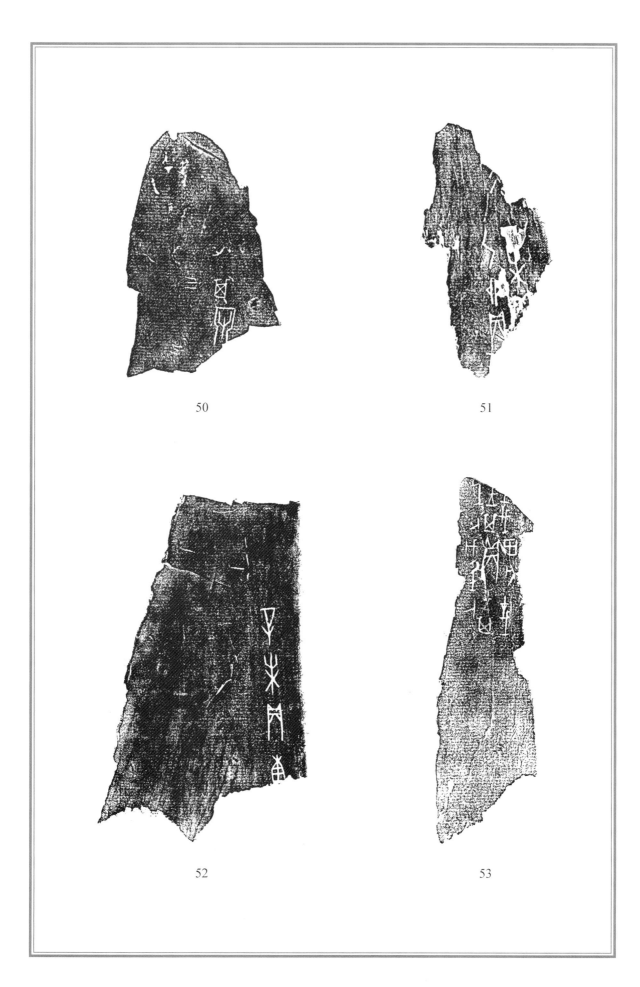

50

51

52

53

54

55

56

57

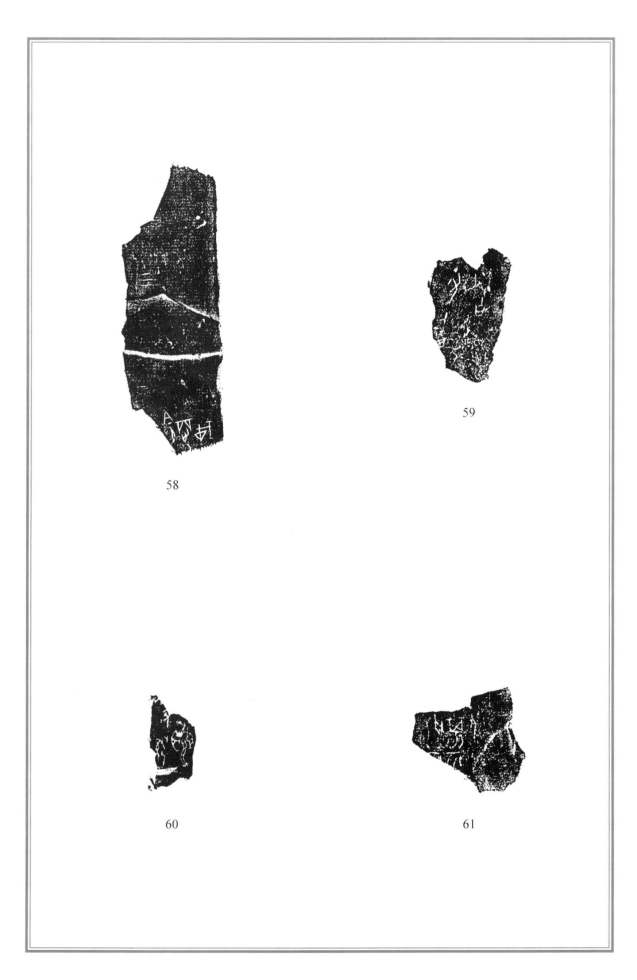

58

59

60

61

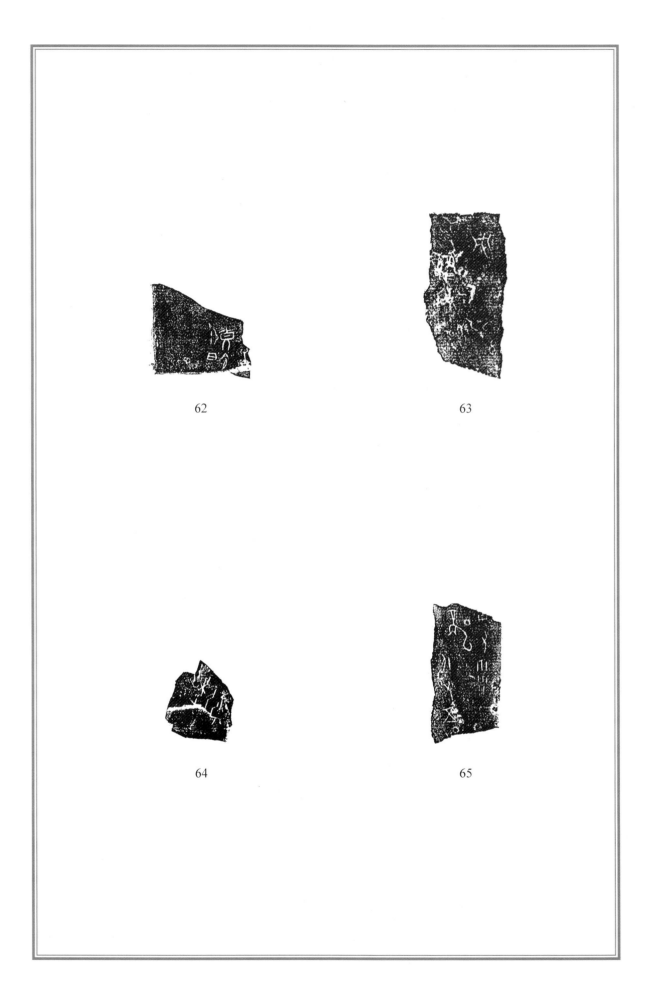

62

63

64

65

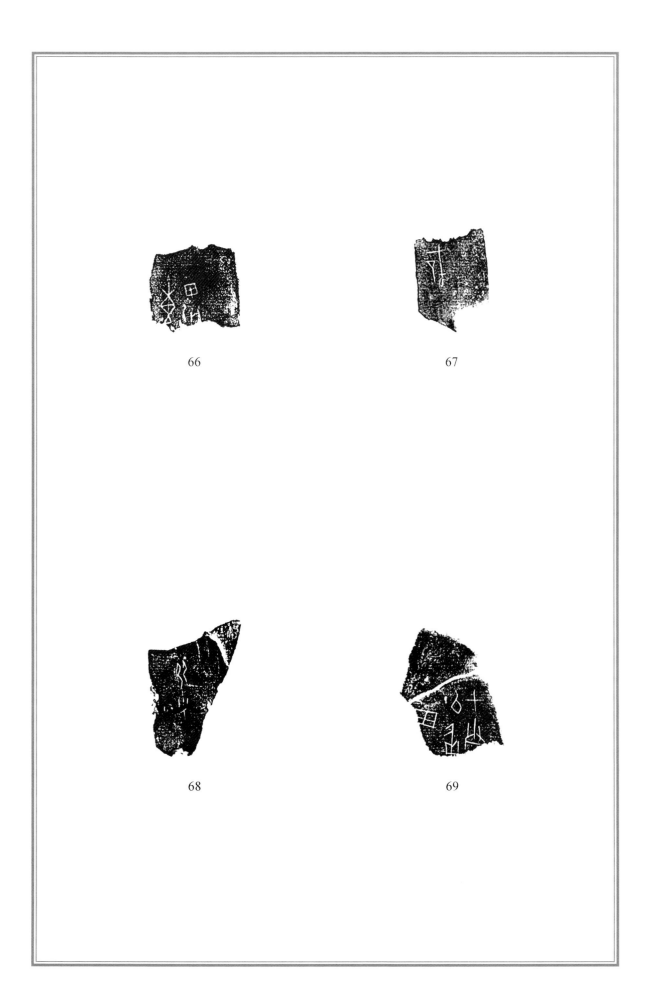

66

67

68

69

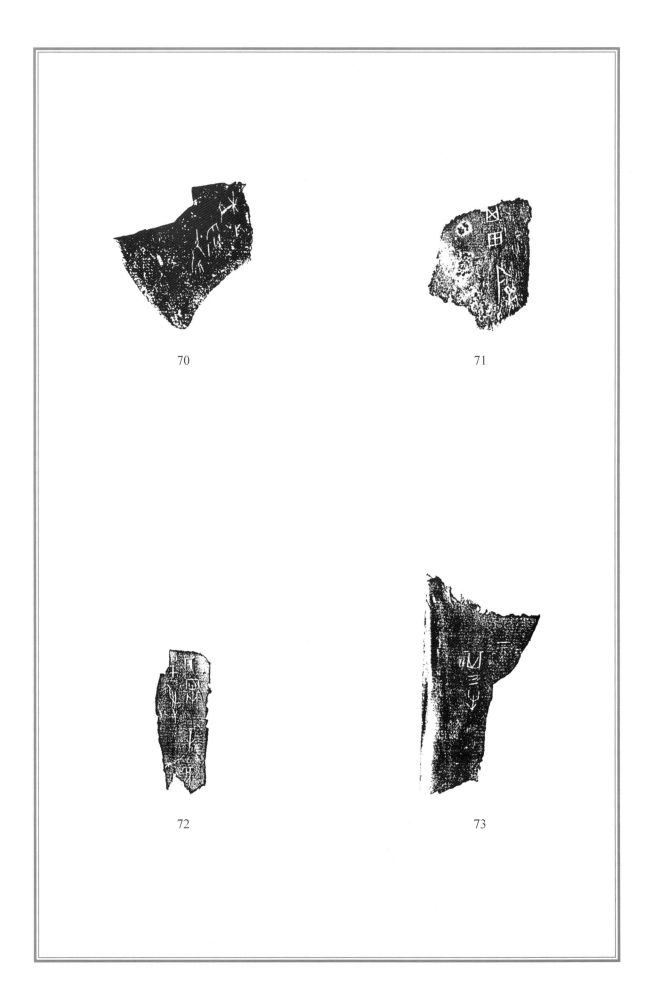

70

71

72

73

74

75

76

77

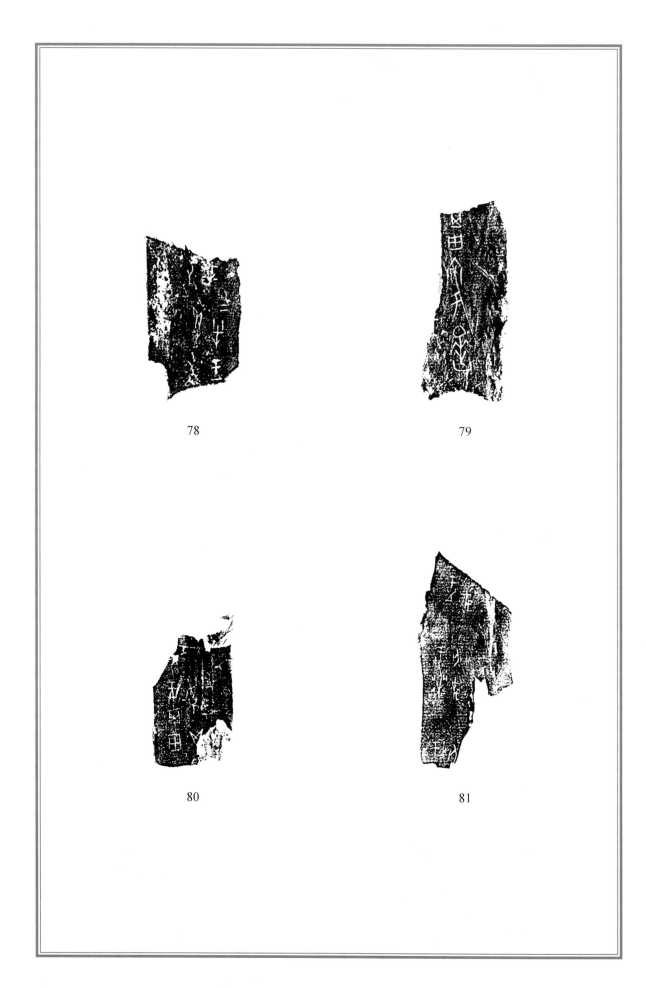

78

79

80

81

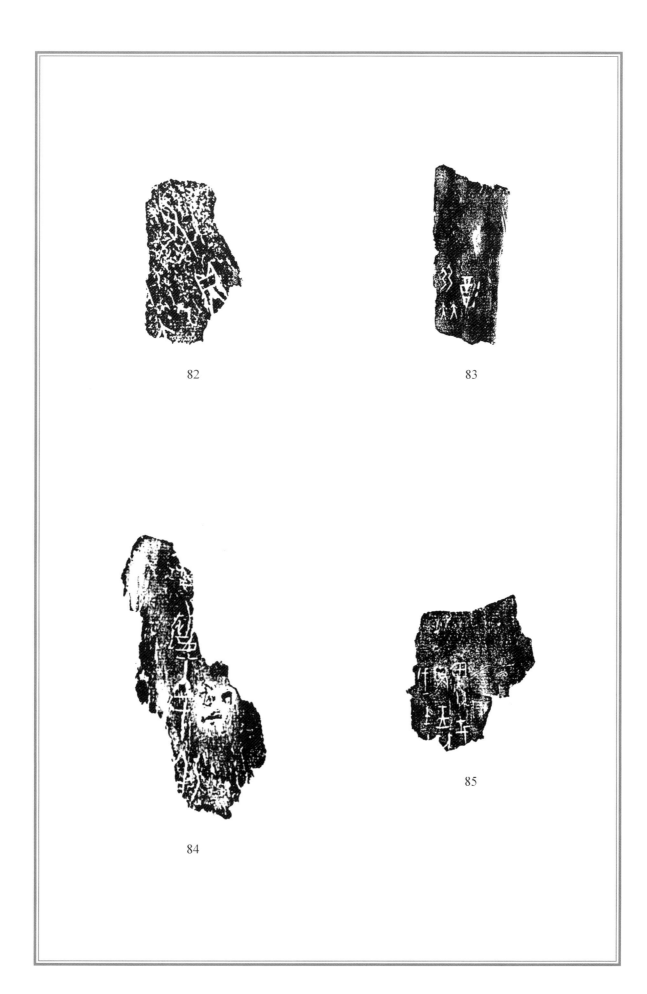

82

83

84

85

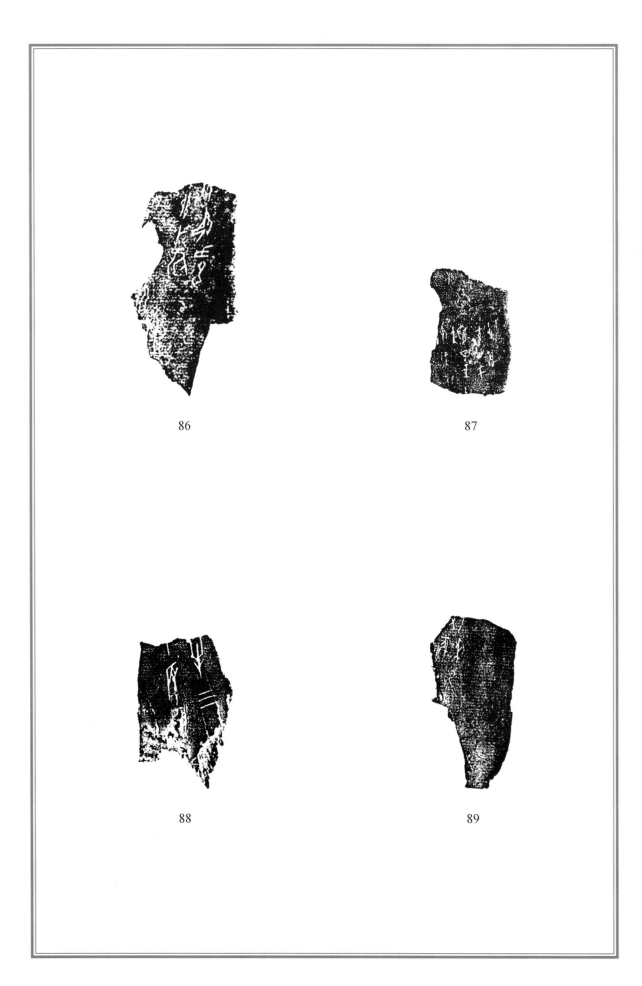

86

87

88

89

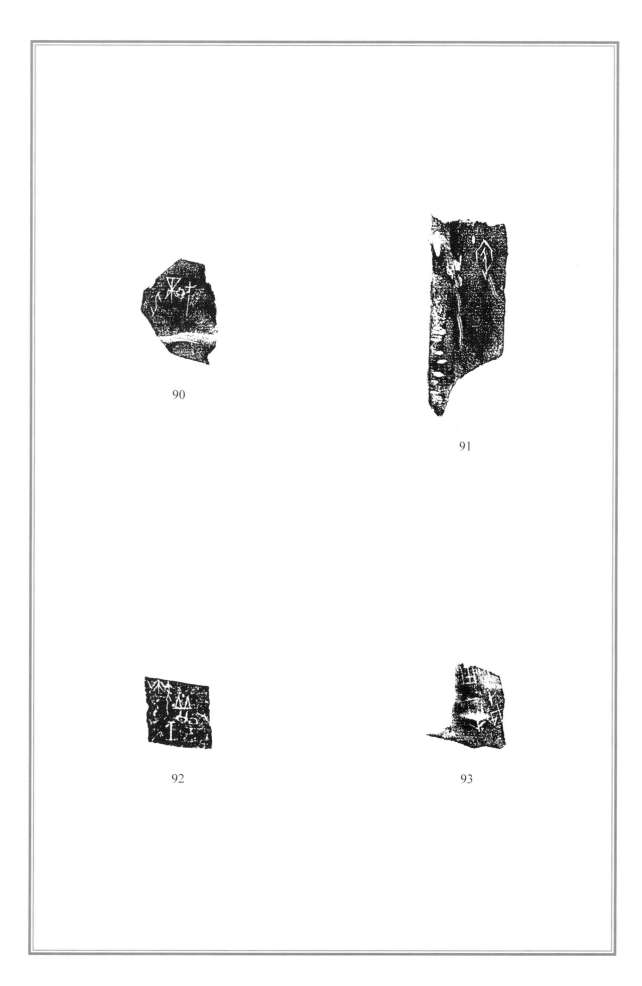

90

91

92   93

94

95

96

97

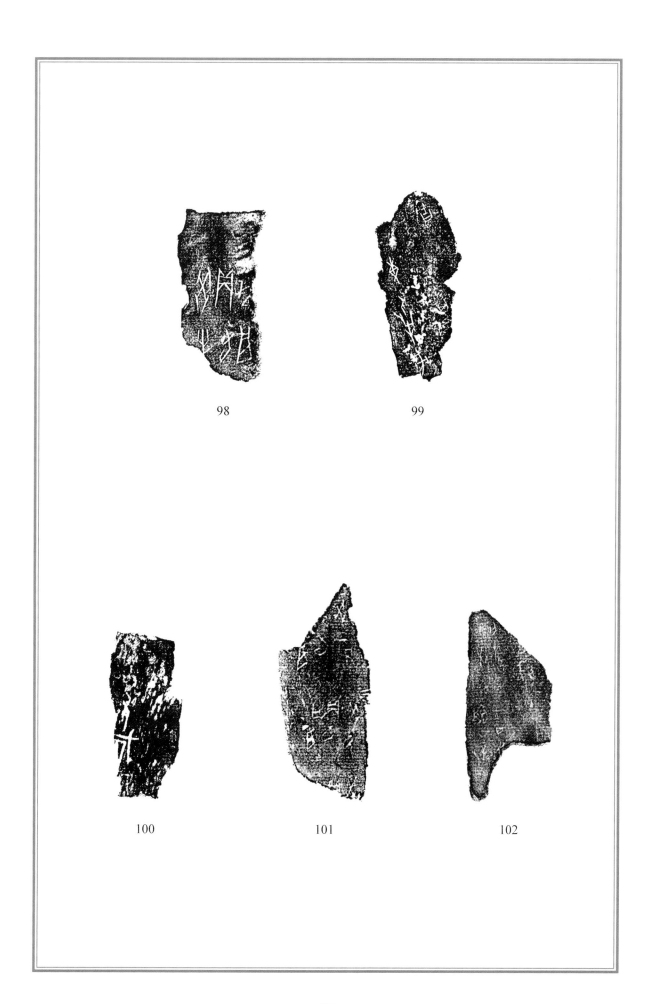

98　　　　　　　　　99

100　　　　　　101　　　　　　102

甲骨釋文

1 **骨**　　三期
著録情況：合集 30325　　佚 217　　通別一
3.4　國博 198　　歷大觀 137　　敘圃 18

甲☐

弜。

祖丁舌才（在），王受又。

竅宗，王受又。

舌，于之若。

[弜]畓。

這版甲骨與合集 30326、合集 31079＋合
補 9709（天理 471）（右圖，劉風華綴[1]）
同文。合集 31079＋合補 9709（天理
471）第三辭是"祖丁舌才（在），王受
又"，說明本版"祖丁舌才（在）"後脫漏了
""字。本版"若"字與"舌"字幾乎齊
平，故疑"舌，于之若"是一條卜辭，"弜
畓"則是另一條卜辭，過去釋文多將這兩
條讀爲一條，不確。

2 **骨**　　四期
著録情況：合集 32775　　佚 194　　通別一
3.7　國博 117　　歷大觀 79　　敘圃 7

甲午卜，☐又于子[戠]。　　一
甲午[卜]，妝[兄]丁于[父]乙。　　一
甲午卜，又于子戠十犬，卯牛一。　　一
十犬又五犬，卯牛一。　　一
與合補 10470 內容相關。

3 **骨**　　五期
著録情況：合集 37803　　佚 197　　國博 215
歷大觀 189　　敘圃 20

☐☐[卜]，貞王其田，亡災。

4 **骨**　　四期
著録情況：合集 32418　　佚 233　　通別一3.1
國博（16＋109）　　歷大觀 60　　敘圃（19＋110）

戊戌☐
戊戌，貞告其壴乡于☐六☐

---

[1]　劉風華：《殷墟村南系列甲骨綴合 4 例》，《中國文字研究》2007 年第 1 輯，大象出版社，2007 年。

其九牛。

庚子，貞其告壹于大乙六[牛]，叀𠬪祝。

叀王祝。

這版甲骨可與合集 34444 綴合（左圖，周忠兵綴）。[1]

5　骨　　三期
著録情況：合集 29643　佚 208　國博 190
歷大觀 148　敘圖 21

三牛。
五牛。　茲用
三小宰。

6[2]　龜　　一期
著録情況：合補 1543　文拼 1788　外 110
國博 17　敘圖 106

☒𥄕☒
癸☒☒☒

7　龜　　一期附
著録情況：文拼 1790　歷大觀 8　敘圖 98

庚戌☒

8　骨　　四期
著録情況：合集 33951　佚 215　國博 129
歷大觀 91　敘圖 34

☒酓秦，不雨。　三

9　骨　　四期
著録情況：合集 35085 部分　佚 206　國博
151　歷大觀 97　敘圖 30

癸亥，貞旬亡𡆥。
癸酉，貞旬亡𡆥。
癸未，貞旬[亡]𡆥。
癸巳，貞旬亡𡆥。
癸卯，貞旬亡𡆥。
與鄴初下 38.10（京 4687）　綴合爲合

---

[1]　周忠兵：《歷組卜辭新綴三十例》，《古文字研究》第 26 輯，中華書局，2006 年。
[2]　原拓注明貼倒。

集 35085。

10 骨 三期

著録情況：合集 28324　佚 224　國博 222
歷大觀 165　敘圖 25

四鹿隻(獲)。
五鹿隻(獲)。

11 骨 三期

著録情況：合集 32148　佚 199　國博 119
歷大觀 67　敘圖 26

其奠。
其用兹羊。
[丙]辰卜，翌丁巳先用三牢，羌于酉用。

12 骨 四期

著録情況：合集 35099　南師 2.223　續存
上 2153　外 134　國博 152　歷大觀 101
敘圖 24

癸[丑]，貞[旬]亡[囚]。
癸亥，貞旬亡囚。
[癸]酉，[貞]旬[亡]囚。

13 骨 四期

著録情況：合集 32228　合補 10418 部分
佚 210　通別一 3.2　國博 120　歷大觀
80　敘圖 27

甲申，貞其又𢆷歲于伊囗　一
其三羌，卯牢。　一
癸巳，貞其又𢆷伐于伊，其即日。　一
癸巳，貞其又𢆷伐于伊，其冓大乙彡。　二
癸巳囗。　二
己囗卯囗其[祭]囗　二
其𢦔(戕)汏方。　一
囗𤔲囗　二
囗囗，貞囗令囗帚囗雀。　二
這版可與合集 32103 綴合（下圖，蔡哲茂
綴[1]），綴合版即合補 10418、蔡綴 104。

[1]　蔡哲茂：《甲骨文合集綴合補遺·續五》，《大陸雜志》第 76 卷第 3 期，1988 年。

14　**骨**　　四期

著録情況：合集 34124　佚 211　通别一 3.3　國博 136　歷大觀 74　敘圃 33

辛未卜，王令厚示㞢[[illegible](汉)]。

叀新⊠用。

壬戌卜，又歲于伊廿示又三。　三

壬戌卜，羌一用于父□。　三

于大示皆又伐。　三

三

這版可與本書 18 號（合集 32215、國博 133）綴合（下圖左，林宏明綴），即醉古集 288 組 + 國博 133。這版與合集 34123 + 合集 33219（下圖右，周忠兵綴[1]）同文。

15　**骨**　　三期

著録情況：合集 31078　佚 253　國博 193　歷大觀 155　敘圃 31

□戌卜，又戠，其舌于▨，王受又又。

16　**骨**　　四期

著録情況：合集 33380　佚 195　國博 156　歷大觀 84　敘圃 6

辛亥，貞又兕才(在)泉，㞢。　一

---

[1] 周忠兵：《歷組卜辭新綴三十例》，《古文字研究》第 26 輯，中華書局，2006 年。

□□□翌□

王子楊認爲"枲"是卜辭中的"白"地。[1]

"亞"，單育辰讀爲"逢"，陳劍讀爲"當"。[2]

17　**骨**　　四期

　著録情況：合集 34150　合補 10605 甲　佚 227　通別一 3.13　國博 98　歷大觀 51　敘圖 29

庚[午卜]，辛[未]雨。[允雨。]

庚午卜，壬申雨。允雨，亦。　　一

辛未卜，帝風。不用，雨。

壬申卜，川敦邑。

[壬]申卜，[川]弗敦邑。

這版甲骨可與合集 18915、34150、35290 綴合（下圖左，蔡哲茂綴[3]），即合補 10605、蔡綴 218。這版與屯南 2161（下圖右）同文。方稚松認爲是"敦邑"的合文[4]。

18　**骨**　　四期

　著録情況：合補 10373　文捃 1778　國博 133　敘圖 121

詳參本書 14 號。

19　**骨**　　三期

　著録情況：合集 27525　佚 251　通別一 3.6　國博 182　歷大觀 144　敘圖 128

妣庚舌牢又一牛，[王]□（受）[又]。

□□（王）受[又]。

[1]　王子楊：《甲骨文字淺釋四例·釋〈合集〉33378 之"虒"》，《出土文獻綜合研究集刊》第 3 輯，巴蜀書社，2016 年。

[2]　葛亮：《甲骨文田獵動詞研究》，《出土文獻與古文字研究》第 5 輯，上海古籍出版社，2013 年。

[3]　蔡哲茂：《甲骨文合集綴合補遺·續八》，《大陸雜志》第 82 卷第 4 期，1991 年。

[4]　方稚松：《甲骨文字考釋四則》，《紀念王懿榮發現甲骨文 110 周年國際學術研討會論文集》，社會科學文獻出版社，2009 年。

20　骨　　　三期

　　著録情況：文捃 1743

　　☒☒(五)羊。　兹[用]

21[1]　龜　　一期附

　　著録情況：合集 21147　文捃 1789　國博 6
　　歷大觀 1　敘圖 66

　　壬☒卩☒

22　骨　　　四期

　　著録情況：合集 33207　佚 200　國博 155
　　歷大觀 134　敘圖 8

　　甲☒(子)☒王☒☒

☒☒在北西。

23　骨　　　四期

　　著録情況：合集 32724　佚 214　通別一
　　3.5　國博 91　歷大觀 47　敘圖 27

　　癸酉☒乙☒易[日]。　　一
　　不易日。　　一
　　癸酉,其告于父乙一牛。　　一
　　癸酉,其告于祖乙二牛。　　一
　　癸酉,貞方大出,立史于北土。　　一
　　這版可與合集 33049 綴合(下圖,周忠兵
　　綴[2])。

[1]　原拓貼倒。
[2]　周忠兵:《甲骨新綴十一例》,《殷都學刊》2007 年第 2 期。

24　骨　　三期

著録情況：文捃 1729

〼□令〼

25　骨　　三期

著録情況：合集 29556　佚 248　國博 187　歷大觀 147　敘圃 39

叀大牢。　一

癸酉卜，今日癸〼

26　骨　　三期

著録情況：合集 28194　佚 226　國博 227　歷大觀 186　敘圃 53

弜〼比〼其及。

〼北〼乎〼及。

合集 28194(佚 226)拓本較本版清楚。

27　骨　　三期

著録情況：無

□酉卜，□戌易〼。

28　骨　　三期

著録情況：合集 28102　合補 2227　續存上 2223　文捃 1747　歷大觀 159

不□告于商□〼。

29[1]　龜　　三期

著録情況：外 204　文捃 1784　國博 8　歷大觀 45　敘圃 64

〼午易日。

30　龜　　一期附

著録情況：合集 21099 左下　佚 234 左上　通別一 3.16 部分　國博 11 左下

乙未卜，乎人先[?]尸(夷)，易日。

乙未卜，乎人先[?]今夕。　三

辛丑卜，𡧊瀧，[?](𢦏)三牢。　三

[辛]丑卜，[?](𢦏)上甲一牛。

辛丑卜，[?](逆)亞尸(夷)方。　三

[辛]丑卜，[?]〼聾黄，今夕易日。　三

癸卯卜，□令圍田，才(在)[?](逆)。　三

[?](𢦏)〼亞〼今夕。　三

三

癸未卜，不雨。允不。　一　二

□午□令□人〼不。

本書 30、31、57、58、60、62、64、70、93 號爲同版之折，綴合見合集 21009，蔣玉斌遥綴合集 27072(合集 1213，本書 93 號、歷大觀 42、國博 2、南師 2.2022 外 138，續存上 1788 見下圖)，並認爲左下角爲誤綴。[2] 按，此版不是誤綴，參見國博 11 正反照片。

31　龜　　一期附

著録情況：合集 21099 右上　佚 234 右上　通別一 3.16 部分　國博 11 右上

詳參本書 30 號。

32　骨　　三期

著録情況：合集 29313　佚 249　國博 210　歷大觀 173

叀[?]田，湄日亡𢦏。

33[3]　骨　　一期

著録情況：文捃 1736

甲□(辰)〼

---

[1] 原拓貼倒。

[2] 蔣玉斌：《蔣玉斌甲骨綴合總表》，第 2 組，中國社會科學院歷史研究所先秦室網站，2011 年 3 月 20 日。

[3] 原拓貼倒。

34　**骨**　一期
著録情況：合集 20569　佚 242　國博 65
歷大觀 5　敘圃 77

□𢆶(𢆶)□□在𣆶(漢)。

□王今日□

35　**骨**　三期
著録情況：續存上 1730　外 121　文捃
1723　歷大觀 95

□其雨。　一

36　**骨**　三期
著録情況：合集 28727　合補 9249　佚

246　南師 2.208　續存上 1966　文捃
1754　國博 216　歷大觀 164　敘圃 74

□□(田)，湄日［亡𢦎］。

□𢦎。

37　**龜**　一期附
著録情況：合集 19976　佚 237　國博 5
歷大觀 4　敘圃 62

庚辰卜，王：囦人見(獻)妠(媧)生。十
月。　一

钔𡿩(媧)生司𪗉(齒)。十月。　一

钔妠(媧)［生］母己。　一

钔妠(媧)生妣丙。　一

這版可與合集 2402、21172 綴合（下圖，裘錫圭、黃天樹綴[1]），即合補 6552、拼合 31。

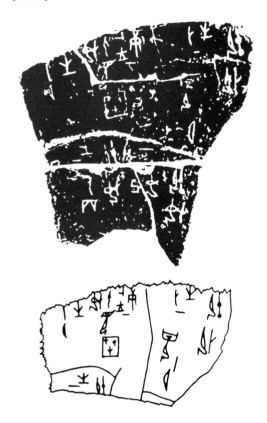

黃天樹先生的釋文是：[2]

　　庚辰卜，王：尸（夷）見（獻）囿妠（婐）。生十月。　一
　　禦阝（婐）司齒。生十月。　　一
　　禦妠（婐）母己。　　　　　一
　　禦妠（婐）妣丙。　　　　　二

今按，第一辭所謂的"生十月"，尚可讀通，但第二辭"生十月"在"司齒"右邊，釋文將其後置，辭例很怪；另外，如果把"生十月"看作綴於辭末或辭中的紀時詞，也不合適，紀時詞都是紀占卜的當月，"生十月"則是指下一個月的十月。合集 21172 選自京人 3146，京人摹本（下圖）摹出了第四辭的"生"字，說明第四辭應

釋爲"钔（禦）灯（婐）生妣丙"，序數據摹本應是"一"，非"二"。第三辭，摹本沒有摹出"生"字，但看拓本，第二辭的"月"字左邊有一個"𠂔"形，很像"生"字。據此，第一、二辭的"婐生"也應連讀。第二、三、四辭分別卜問向司齒、母己、妣丙三位女性先人禦祭婐生。"婐生"當爲人名，[3]女性名字中有"姓"，如合集 13963"甲子□姓娩□"。第一辭，京人釋爲"庚□卜，王，囿人見……"，"囿"字刻在第二、三豎行中間，黃先生歸入第三行，京人釋文認爲屬於第二行，後者更可信。"亻"字，是"尸（夷）"還是"人"？從合集 20612"夷方"作𤘥看，"亻"沒有"夷"字明顯的屈體之象形，是"人"字的可能性很大。"囿人"一職見於《周禮·地官》，主管苑囿禽獸。第一辭是囿人向婐生進獻的記載。

38　骨　　三期
著錄情況：合集 26915 下　佚 201　通別一 3.14　國博 184＋202　歷大觀 156 下敘圖 12

弜又羌。
五人，王受又。　吉
十人，王受又。　大吉
十人又五，王受又。
卯牢又一牛，王受又。　吉

本版片形較合集 26915 好，但字迹不如《合集》清楚。第三辭"王"缺刻橫畫。

39　骨　　三期
著錄情況：合集 28640　佚 213　國博 213歷大觀 180　敘圖 2

[1] 裘錫圭：《甲骨綴合拾遺》，《古文字論集》，中華書局，1992 年，第 6 片；又收入《裘錫圭學術文集》（甲骨文卷），復旦大學出版社，2012 年。黃天樹：《甲骨新綴 11 例》，《考古與文物》1996 年第 4 期；又收入《甲骨拼合集》，學苑出版社，2010 年，第 31 則。
[2] 黃天樹：《讀契劄記二則》，宋鎮豪主編《甲骨文與殷商史》新 5 輯，上海古籍出版社，2015 年。
[3] "婐生"不應理解爲婐的生育，卜辭中與生育之"生"有關的祭祀動詞用"禱"，沒有用"钔（禦）"的。

壬王更田省,亡𢦔。　吉
其戰,亡𢦔。　大吉

40 **骨**　三期
著録情況:合集 28628　佚 247　通別一
3.15　國博 195　歷大觀 145　敘圖 4

方爯更庚酌,有大雨。　大吉
更辛酌,有大雨。　吉
翌日辛,王其省田,㞢入不雨。　吉
兹用
夕入不雨。
☐日入,省田,湄日不雨。

41 **骨**　四期
著録情況:合集 34999　佚 239　國博 101
歷大觀 100　敘圖 5

癸卯,貞[旬亡𡆥]。[三]
癸丑,貞旬亡𡆥。　三
癸亥,貞旬亡𡆥。　三
癸酉,貞旬亡𡆥。　三
癸巳,[貞旬亡𡆥]。　三
[癸☐,貞旬亡𡆥]。　三

42 **骨**　四期
著録情況:合集 33845　佚 230　國博 99
歷大觀 88　敘圖 3

二
丙戌卜,丁雨。　一
不雨。　一
戊子卜,己雨。　一
不雨。　一
其雨。　一
不雨。　一
弜☐　一

43 **骨**　三期
著録情況:合集 32138　佚 229　通別一

3.10　國博 123　歷大觀 73　敘圖 10

癸巳☐　三
征蒦歲。
三牢。
五牢。　三
又羌。
與合集 32137、32139、34441 同文。

44 **骨**　三期
著録情況:合集 32172　佚 218　通別一
3.11　國博 185　歷大觀 150　敘圖 22

更小宰用。
㬥殳一人。
㬥殳二人。
三人。
☐[卜],卯,更☐

45 **骨**　三期
著録情況:合集 30725　佚 241　國博 196
敘圖 13

弜☐辛☐告☐
更兹豐用。
弜用兹豐。
更兹豐用,王[受又]。
[弜]用[兹]豐。

46 **骨**　三期
著録情況:合集 26936　佚 225　通別一
3.9　國博 186　歷大觀 149　敘圖 14

弜。
其㬥十牢又羌。
廿牢又羌。
卅牢又羌。

47 **骨**　三期
著録情況:合集 27631　佚 203　通別一
3.8　國博 194　歷大觀 143　敘圖 16

其三馬。

更五勻馬。

更勻馬。

☑兄辛☑

48　**骨**　　三期
著録情況：合集 31672　　佚 220　　通別一
3.12　國博 199　　歷大觀 151　　敘圖 17

癸未卜，習一卜。

習二卜。

王其鄉，在宙。

弜鄉。

49　**骨**　　三期
著録情況：合集 28765　　佚 196　　國博 224
歷大觀 175　　敘圖 9

□□卜，王其迻从東。　　吉

50　**骨**　　四期
著録情況：合集 33676　　佚 212　　南師2.60
外 129　　國博 124　　敘圖 111

三

其牢。　　三

三

"牢"字有缺刻。

51　**骨**　　四期
著録情況：合補 10871　　文捃 1781　　歷大
觀 109　　敘圖 36　　外 131

乙卯，貞☑未☑

☑☑☑

52　**骨**　　四期
著録情況：合集 33727　　佚 209　　國博 158
歷大觀 107　　敘圖 15

辛未，貞更☑　　一

一

53　**骨**　　四期
著録情況：合集 33474　　佚 205　　合補
9035 部分

戊午卜，貞王其田，亡戋。

壬戌卜，貞王其田，亡戋。

乙丑卜，貞王其田，亡戋。

[戊]辰[卜]，貞王其田，亡戋。

壬申卜，貞王其田，亡戋。

乙亥卜，貞王其田，亡戋。　　一

戊寅卜，貞王其田，亡戋。　　一

本版可與合集 33501 綴合（蔡哲茂綴），
即蔡綴 189、合補 9035，林宏明後加綴合
集 33469 上半（粹 964＋誠 315），即契合
127（下圖）。[1]

54　**骨**　　四期
著録情況：合集 34450　　佚 243　　國博 122
歷大觀 72　　敘圖 32

乙未，貞又用十牛。　　一

[貞]辛亥[先]燹大牢。　　兹用

一

55　**骨**　　五期
著録情況：合集 35120　　南師 2.130　　續存
上 2201　　外 136　　國博 102　　歷大觀 56
敘圖 115

癸亥，貞旬亡[𡆥]。

貞旬有𡆥。

一

二

56　**骨**　　三期
著録情況：合集 28165　　佚 228　　國博 226
歷大觀 179

☑才（在）🈀。

---

[１]　蔡哲茂：《甲骨文合集綴合補遺》，《大陸雜志》第 68 卷第 6 期，1984 年。林宏明：《甲骨新綴第 127 例》，中國社會科
學院歷史研究所先秦室網站，2010 年 10 月 11 日；又收入《契合集》，萬卷樓，2013 年。

57　龜　　一期附
著録情況：合集 21099 右下　佚 234 右下
通別一 3.16 部分　國博 11 右下

參本書 30 號。

58　龜　　一期附
著録情況：合集 21099 左上　佚 234 左上
通別一 3.16 部分　國博 11 左上

參本書 30 號。

59　骨　　三期
著録情況：合補 9744　文捃 1756　歷大
觀 188　敘圖 96

□丑卜，翌☑　　大吉

60　龜　　一期附
著録情況：合集 21099 右中　佚 234 右中
通別一 3.16 部分　國博 11 右中

參本書 30 號。

61　龜　　一期
著録情況：歷大觀 40　敘圖 85

乙□亡其米人。

62　龜　　一期附
著録情況：合集 21099 右中　佚 234 右中
通別一 3.16 部分　國博 11 右中

參本書 30 號。

63　骨　　三期
著録情況：文捃 1780

［茲］用

64　龜　　一期附
著録情況：合集 21099 右中　佚 234 右中
通別一 3.16 部分　國博 11 右中

參本書 30 號。

65　骨　　三期

　　著録情況：合集 27021　佚 219　國博 203

　　歷大觀 177　敘圖 129

　　十人又五□□。

　　□龍□田，又雨。

66　骨　　三期

　　著録情況：歷大觀 163　續存上 1963

　　叀□□田亡［戈］。

67　骨　　三期

　　著録情況：文捃 1775

　　□哉。

68　骨　　三期

　　著録情況：合集 31954　續存上 2208　外 205

　　文捃 1759　國博 228、歷大觀 185　敘圖 61

弜乎。

69　龜　　一期附

　　著録情況：合集 22473　佚 223　國博 10

　　歷大觀 43　敘圖 49

　　甲子卜，令□以孟田彎。五

　　壬午卜，令般比侯告。五

　　乙丑卜，乙亥易日。歧允易。五

　　不易日。午易。五

　　其雨□　五

　　“午易”的“午”也可能是“兹”的省寫。

　　這版可與合集 22299（京人 0389）綴合

（李愛輝綴[1]），又可綴上綴彙 521［合

集 13179 乙（甲 212）＋合集 13179 甲

（甲 257）（嚴一萍綴）］[2]，合集 34576

（京人 3091）、京人 3144（蔣玉斌綴，

下圖）。

［1］　李愛輝：《甲骨拼合第 223 則》，中國社會科學院歷史研究所先秦室網站，2013 年 5 月 13 日。

［2］　蔡哲茂：《甲骨綴合彙編》，花木蘭文化出版社，2011 年。

70　龜　　一期附
著録情況：合集 21099 左下　佚 234 左下
通別一 3.16 部分　國博 11 左下

參本書 30 號。

71　骨　　三期
著録情況：合集 29218　佚 245　國博 208
歷大觀 169　敘圃 124

其田游☒

72　骨　　三期
著録情況：合集 29569　合補 9694　南師
2.201　續存上 1890　外 128　文捃 1745
國博 189　歷大觀 153　敘圃 81

辛亥☒
十牢,王受[又]。

73　骨　　三期
著録情況：合集 29435　佚 207　國博 127
歷大觀 152　敘圃 107

其三牛。　二

74　骨　　四期
著録情況：合集 33220　佚 250

☒卯,貞王令𡥼☒田[于]京。

75　骨　　三期
著録情況：合集 29831　南師 2.194　續存
上 1731　外 132　文捃 1740　歷大觀 190

不雨。

76　骨　　三期
著録情況：無

☒☒其☒

77　骨　　三期
著録情況：佚 238　國博 146　歷大觀 167

敘圃 85

庚☒
[弜]田,[其]每。

78[1]　骨　　三期
著録情況：合集 29443　佚 202　國博 191
歷大觀 154　敘圃 37

二牛,王受又。
☒[牛],王[受]又。

79　骨　　三期
著録情況：合集 29384　佚 244　國博 225
歷大觀 174　敘圃 109

☒其田,宿于⚓。

80　骨　　三期
著録情況：合集 29271　佚 232　　國博
206　歷大觀 171　敘圃 75

王其田盩,皋。

81　骨　　三期
著録情況：合集 29050　佚 254　國博 211
歷大觀 170　敘圃 114

于☒,亡[戋]。
于喪,亡戋。
于盂,亡戋。

82　骨　　四期
著録情況：文捃 1783　歷大觀 108　敘
圃 75

☒丑,貞☒

83　骨　　四期
著録情況：合集 34558　佚 222　國博 131
歷大觀 133　敘圃 45

弜竝(替)彭。

[1]　原拓注明貼倒。

84[1]　骨　　四期
　　著録情況：合集 32546　文拼 1773　國博
　　（不全）　歷大觀 75（不全）　敘圖 70

　　☐其敫于祖乙☐

85　骨　　四期
　　著録情況：合集 33473　續存上 1955　南師
　　2.209　外 122　國博 214 歷大觀 161　敘圖 41

　　戊午卜，貞王其田，亡𢦏。　一

86　骨　　四期
　　著録情況：合集 32180　佚 198　國博 142
　　歷大觀 54　敘圖 36

　　☐卯卜，隹☐及，蚩（害）。
　　不[雨]。

87　骨　　三期
　　著録情況：合補 10162　文拼 1748　國博
　　212　歷大觀 176　敘圖 44

　　庚戌卜，翌日王延于☐☐。
　　[于]喪，亡[𢦏]。

88　骨　　四期
　　著録情況：合集 34540　南師 2.200　外
　　118　國博 126　歷大觀 68　敘圖 40

　　[甲]辰彭☐牛三☐

89　骨　　四期
　　著録情況：佚 231　國博 92　歷大觀 48
　　敘圖 50

　　☐于來乙☐又伐☐

90　龜　　一期
　　著録情況：合集 14297　佚 236　國博 22

歷大觀 2　敘圖 50
☐申☐帝（禘）方。
一

91　骨　　三期
　　著録情況：佚 216

　　☐穸。

92　龜　　一期
　　著録情況：合集 10118 下　佚 240 下　國
　　博 47 下　歷大觀 16 下　敘圖 72

　　☐秦年𢀛。　三
　　壬☐　一
　　本版不如合集等完整，此缺上半。𢀛即
　　𢀛，從于省吾先生釋，謂“當係商代旁系先
　　公之不見于載籍者”。[2] 沈建華女士引
　　合集 32212“征年于兮”，認爲此版之𢀛從
　　兮聲，“爲商人常用于祈求豐年的祭祀對
　　象，其地位與河、岳等自然神化的祖先神
　　相近。”[3] 周忠兵博士贊同沈先生的釋
　　法，認爲𢀛是兮的異體。[4] 余謂𢀛是個
　　“多態字”，據屯南 108“其霗于𢀛，有雨。
　　其霗于茧京，有雨”，知用指祭地。又合集
　　28230：“癸卯卜，王其征上盂田𢀛，受禾。”
　　屯南 715：“叀上田𢀛征，受年。叀湿田𢀛
　　征，受年。”𢀛可能指相土田品級所援引的
　　一种標誌性農田。[5] 如下圖。

---

[1]　原拓貼倒。
[2]　于省吾：《甲骨文字釋林》，中華書局，1979 年，頁 42。
[3]　沈建華：《中國國家博物館館藏甲骨考釋》，《中國國家博物館館藏文物研究叢書·甲骨卷》，上海古籍出版社，2007 年，頁 163。
[4]　周忠兵：《說甲骨文中“兮”字的一種異體》，《古文字研究》第 28 輯，中華書局，2010 年。
[5]　參見宋鎮豪：《夏商社會生活史》增訂本下册，中國社會科學出版社，2005 年，頁 635、659—660。

93　龜　　三期
　著録情況：合集 1213　合集 27072　續存
　上 1788　南師 2.2022　外 138　國博 2
　歷大觀 42　敘圖 99

　參本書 30 號。

94　骨　　三期
　著録情況：合補 7059　續存上 1843　文
　捃 1746　國博 128　外 120　歷大觀 158
　敘圖 123

　癸巳卜，兄（祝）☐

95　骨　　四期
　著録情況：合集 33096　佚 252　國博 104
　歷大觀 93　敘圖 47

　［辛亥，貞生月乙］亥酚兹立中。
　本版與合集 32227 當屬同文。

96　龜　　四期
　著録情況：合集 33699　南師 2.198　續存
　上 1941　國博 140　敘圖 127

　庚辰，貞日又戠，告于河。
　［庚辰，貞日又戠］，裴［☐］隹［若］。
　本版與合集 33698 當屬同文。

97　骨　　三期
　著録情況：合集 30278　佚 204　國博 229
　歷大觀 183　敘圖 126

　于☐壴。
　弗每。

98　骨　　四期
　著録情況：合集 34854　南師 2.219　續存
　上 2046　外 133　國博 150　歷大觀 96
　敘圖 116

　癸巳，貞旬亡田。

癸卯，貞旬亡田。

癸丑，貞旬亡田。

癸亥，貞旬亡田。

癸酉，貞旬亡田。

癸未，貞旬亡田。

本版可與合集 34923 綴合（林宏明綴[1]）。

如下圖。

　［1］　林宏明：《甲骨新綴第 155—156 例》，中國社會科學院歷史研究所先秦室網站，2010 年 12 月 12 日。

99　　骨　　三期

著録情況：合集 29486　　佚 221　　國博 200
歷大觀 178　　敍圃 45

方☒

叀𡥈。

其☒

吉

這版比合集、佚、國博等著録都要完整，
多了一個"吉"字。

100　　骨　　四期

著録情況：合補 10557　　續存上 1940　　文
捃 1776　　國博 141　　歷大觀 94　　敍圃 79

☒［囚］，又哉☒

101　　材質不明　　四期

著録情況：合集 35054　　續存上 2155　　外
143　　南師 2.222　　國博 103　　歷大觀 57
敍圃 35

癸［卯］，貞［旬亡囚］。

癸丑，貞旬亡囚。　　二

癸亥，貞旬［亡］囚。

102　　骨　　三期

著録情況：合補 11475（不全）　　文捃 1764
（不全）、歷大觀 187（不全）、敍圃 90

翌日辛王其迺［于☒，亡𢦏］。

于喪，亡𢦏。

檢索表

表一　《繪園》著録檢索總表

繪園號	合集號	合補號	其他著録情況	綴合	綴者	備注
1	30325		佚 217、通別一 3.4、國博 198、歷大觀 137、敘圖 18			
2	32775		佚 194、通別一 3.7、國博 117、歷大觀 79、敘圖 7			
3	37803		佚 197、國博 215、歷大觀 189、敘圖 20			
4	32418		佚 233、通別一 3.1、國博（16＋109）、歷大觀 60、敘圖（19＋110）	合集 34444＋合集 32418	周忠兵	
5	29643		佚 208、國博 190、歷大觀 148、敘圖 21			
6		1543	文捃 1788、外 110、國博 17、敘圖 106			
7			文捃 1790、歷大觀 8、敘圖 98			
8	33951		佚 215、國博 129、歷大觀 91、敘圖 34			
9	35085 部分		佚 206、國博 151、歷大觀 97、敘圖 30			與鄴初下38.10（京 4687）綴合爲合集 35085
10	28324		佚 224、國博 222、歷大觀 165、敘圖 25			
11	32148		佚 199、國博 119、歷大觀 67、敘圖 26			
12	35099		南師 2.223、續存上 2153、外 134、國博 152、歷大觀 101、敘圖 24			
13	32228	10418 部分	佚 210、通別一 3.2、國博 120、歷大觀 80、敘圖 27	合補 10418（合集 32103＋合集 32228）	蔡哲茂	
14	34124		佚 211、通別一 3.3、國博 136、歷大觀 74、敘圖 33	合集 32215＋合集 34124＋國博 133	林宏明	
15	31078		佚 253、國博 193、歷大觀 155、敘圖 31			
16	33380		佚 195、國博 156、歷大觀 84、敘圖 6			
17	34150	10605 甲	佚 227、通別一 3.13、國博 98、歷大觀 51、敘圖 29	合集 18915＋合集 34150＋合集 35290	蔡哲茂	
18		10373	文捃 1778、國博 133、敘圖 121	合集 32215＋合集 34124＋國博 133	林宏明	
19	27525		佚 251、通別一 3.6、國博 182、歷大觀 144、敘圖 128			
20			文捃 1743			
21	21147		文捃 1789、國博 6、歷大觀 1、敘圖 66			
22	33207		佚 200、國博 155、歷大觀 134、敘圖 8			

繪圖號	合集號	合補號	其他著録情況	綴 合	綴 者	備 注
23	32724		佚 214、通別一 3.5、國博 91、歷大觀 47、敘圖 27	合集 32724 + 合集 33049	周忠兵	
24			文拼 1729			
25	29556		佚 248、國博 187、歷大觀 147、敘圖 39			
26	28194		佚 226、國博 227、歷大觀 186、敘圖 53			
27						
28	28102	2227	續存上 2223、文拼 1747、歷大觀 159			
29			外 204、文拼 1784、國博 8、歷大觀 45、敘圖 64			
30	21099 左下		佚 234 左下、通別一 3.16 部分、國博 11 左下	合集 21099 + 合集 27072	蔣玉斌	
31	21099 右上		佚 234 右上、通別一 3.16 部分、國博 11 右上			
32	29313		佚 249、國博 210、歷大觀 173			
33			文拼 1736			
34	20569		佚 242、國博 65、歷大觀 5、敘圖 77			
35			續存上 1730、外 121、文拼 1723、歷大觀 95			
36	28727	9249	佚 246、南師 2.208、續存上 1966、文拼 1754、國博 216、歷大觀 164、敘圖 74			
37	19976		佚 237、國博 5、歷大觀 4、敘圖 62	合集 02402 + 合集 19976 + 合集 21172	裘錫圭 黃天樹	
38	26915 下		佚 201、通別一 3.14、國博（184 + 202）、歷大觀 156 下、敘圖 12			
39	28640		佚 213、國博 213、歷大觀 180、敘圖 2			
40	28628		佚 247、通別一 3.15、國博 195、歷大觀 145、敘圖 4			
41	34999		佚 239、國博 101、歷大觀 100、敘圖 5			
42	33845		佚 230、國博 99、歷大觀 88、敘圖 3			
43	32138		佚 229、通別一 3.10、國博 123、歷大觀 73、敘圖 10			
44	32172		佚 218、通別一 3.11、國博 185、歷大觀 150、敘圖 22			
45	30725		佚 241、國博 196、敘圖 13			
46	26936		佚 225、通別一 3.9、國博 186、歷大觀 149、敘圖 14			
47	27631		佚 203、通別一 3.8、國博 194、歷大觀 143、敘圖 16			
48	31672		佚 220、通別一 3.12、國博 199、歷大觀 151、敘圖 17			

繪圖號	合集號	合補號	其他著録情況	綴 合	綴 者	備 注
49	28765		佚 196、國博 224、歷大觀 175、敘圖 9			
50	33676		佚 212、南師 2.60、外 129、國博 124、敘圖 111			
51		10871	文掇 1781、歷大觀 109、敘圖 36、外 131			
52	33727		佚 209、國博 158、歷大觀 107、敘圖 15			
53	33474	9035 部分	佚 205	合集 33469 + 合集 33474 + 合集 33501	蔡哲茂	
54	34450		佚 243、國博 122、歷大觀 72、敘圖 32			
55	35120		南師 2.130、續存上 2201、外 136、國博 102、歷大觀 56、敘圖 115			
56	28165		佚 228、國博 226、歷大觀 179			
57	21099 右下		佚 234 右下、通別一 3.16 部分、國博 11 右下部分			
58	21099 左上		佚 234 左上、通別一 3.16 部分、國博 11 左上			
59		9744	文掇 1756、歷大觀 188、敘圖 96			
60	21099 右中		佚 234 右中、通別一 3.16 部分、國博 11 右中			
61			歷大觀 40、敘圖 85			
62	21099 右中		佚 234 右中、通別一 3.16 部分、國博 11 右中			
63			文掇 1780			
64	21099 右中		佚 234 右中、通別一 3.16 部分、國博 11 右中			
65	27021		佚 219、國博 203、歷大觀 177、敘圖 129			
66			歷大觀 163、續存上 1963			
67			文掇 1775			
68	31954		續存上 2208、外 205、文掇 1759、國博 228、歷大觀 185、敘圖 61			
69	22473		佚 223、國博 10、歷大觀 43、敘圖 49	合集 22299 + 合集 22473 + 合集 13179 乙 + 合集 13179 甲 + 合集 34576 + 京人 3144	嚴一萍 李愛輝 蔣玉斌	
70	21099 左下		佚 234 左下、通別一 3.16 部分、國博 11 左下部分			
71	29218		佚 245、國博 208、歷大觀 169、敘圖 124			
72	29569	9694	南師 2.201、續存上 1890、外 128、文掇 1745、國博 189、歷大觀 153、敘圖 81			

繪園號	合集號	合補號	其他著錄情況	綴 合	綴 者	備 注
73	29435		佚 207、國博 127、歷大觀 152、敘圖 107			
74	33220		佚 250			
75	29831		南師 2.194、續存上 1731、外 132、文捃 1740、歷大觀 190			
76						
77			佚 238、國博 146、歷大觀 167、敘圖 85			
78	29443		佚 202、國博 191、歷大觀 154、敘圖 37			
79	29384		佚 244、國博 225、歷大觀 174、敘圖 109			
80	29271		佚 232、國博 206、歷大觀 171、敘圖 75			
81	29050		佚 254、國博 211、歷大觀 170、敘圖 114			
82			文捃 1783、歷大觀 108、敘圖 75			
83	34558		佚 222、國博 131、歷大觀 133、敘圖 45			
84	32546		文捃 1773、國博 33（不全）、歷大觀 75 不全、敘圖 70			
85	33473		續存上 1955、南師 2.209、外 122、國博 214、歷大觀 161、敘圖 41			
86	32180		佚 198、國博 142、歷大觀 54、敘圖 36			
87		10162	文捃 1748、國博 212、歷大觀 176、敘圖 44			
88	34540		南師 2.200、外 118、國博 126、歷大觀 68、敘圖 40			
89			佚 231、國博 92、歷大觀 48、敘圖 80			
90	14297		佚 236、國博 22、歷大觀 2、敘圖 50			
91			佚 216			
92	10118 下		佚 240 下、國博 47 下、歷大觀 16 下、敘圖 72			繪園 92 不全，替換
93	1213 27072		續存上 1788、南師 2.2022、外 138、國博 2、歷大觀 42、敘圖 99	合集 21099 + 合集 27072	蔣玉斌	
94		7059	續存上 1843、文捃 1746、國博 128、外 120、歷大觀 158、敘圖 123			
95	33096		佚 252、國博 104、歷大觀 93、敘圖 47			
96	33699		南師 2.198、續存上 1941、國博 140、敘圖 127			
97	30278		佚 204、國博 229、歷大觀 183、敘圖 126			
98	34854		南師 2.219、續存上 2046、外 133、國博 150、歷大觀 96、敘圖 116	合集 34923 + 合集 34854	林宏明	

繪圖號	合集號	合補號	其他著録情況	綴 合	綴 者	備 注
99	29486		佚 221、國博 200、歷大觀 178、敘圖 45			
100		10557	續存上 1940、文捃 1776、國博 141、歷大觀 94、敘圖 79			
101	35054		續存上 2155、外 143、南師 2.222、國博 103、歷大觀 57、敘圖 35			
102		11475（不全）	文捃 1764（不全）、歷大觀 187（不全）、敘圖 90			

注：第 30、31、57、58、60、62、64、70、93 片是國博 11、佚 234、合集 21099 破碎的散片。

敘圖號由國家圖書館趙愛學先生提供，謹致感謝！

表二 《合集》與《繪園》對照表

合集號	繪園號	合集號	繪園號	合集號	繪園號
1213	93	28727	36	32724	23
10118 下	92	28765	49	32775	2
14297	90	29050	81	33096	95
19976	37	29218	71	33207	22
20569	34	29271	80	33220	74
21099	60	29313	32	33380	16
21099	62	29384	79	33473	85
21099	64	29435	73	33474	53
21099	70	29443	78	33676	50
21099 右上	31	29486	99	33699	96
21099 右下	57	29556	25	33727	52
21099 左上	58	29569	72	33775	35
21099 左下	30	29643	5	33845	42
21147	21	29831	75	33951	8
22473	69	30278	97	34124	14
26915	38	30325	1	34150	17
26936	46	30725	45	34450	54
27021	65	31078	15	34540	88
27072	93	31672	48	34558	83
27525	19	31954	68	34854	98
27631	47	32138	43	34999	41
28102	28	32148	11	35054	101
28165	56	32172	44	35085 部分	9
28194	26	32180	86	35099	12
28324	10	32228	13	35120	55
28628	40	32418	4	37803	3
28640	39	32546	84		

表三　《合補》與《繪園》對照表

著 錄 號	繪 園 號	著 錄 號	繪 園 號	著 錄 號	繪 園 號
9035 部分	53	9694	72	10557	100
1543	6	9744	59	10605 乙部分	17
2227	28	10162	87	10871	51
7059	94	10373	18	11475	102
9249	36	10418 部分	13		

表四 《國博》與《繪園》對照表

著 録 號	繪 園 號	著 録 號	繪 園 號	著 録 號	繪 園 號
國博 2	93	國博 120	13	國博 191	78
國博 5	37	國博 122	54	國博 193	15
國博 6	21	國博 123	43	國博 194	47
國博 8	29	國博 124	50	國博 195	40
國博 10	69	國博 126	88	國博 196	45
國博 11 部分	62	國博 127	73	國博 198	1
國博 11 部分	70	國博 128	94	國博 199	48
國博 11 右上	31	國博 129	8	國博 200	99
國博 11 右下	57	國博 131	83	國博 203	65
國博 11 左上	58	國博 133	18	國博 206	80
國博 11 左下	30	國博 136	14	國博 208	71
國博 11 部分	64	國博 140	96	國博 210	32
國博 16＋109	4	國博 141	100	國博 211	81
國博 17	6	國博 142	86	國博 212	87
國博 22	90	國博 145	77	國博 213	39
國博 33 不全	84	國博 150	98	國博 214	85
國博 47 下	92	國博 151	9	國博 215	3
國博 65	34	國博 152	12	國博 216	36
國博 91	23	國博 155	22	國博 222	10
國博 92	89	國博 156	16	國博 224	49
國博 98	17	國博 158	52	國博 225	79
國博 99	42	國博 182	19	國博 226	56
國博 101	41	國博 184＋202	38	國博 227	26
國博 102	55	國博 185	44	國博 228	68
國博 103	101	國博 186	46	國博 229	97
國博 104	95	國博 187	25		
國博 117	2	國博 189	72		
國博 119	11	國博 190	5		

表五　其他著録書與《繪園》對照表

著 録 書	繪 園 號	著 録 書	繪 園 號	著 録 書	繪 園 號
歷大觀 1	21	歷大觀 94	100	歷大觀 164	36
歷大觀 2	90	歷大觀 95	35	歷大觀 165	10
歷大觀 4	37	歷大觀 96	98	歷大觀 167	77
歷大觀 5	34	歷大觀 97	9	歷大觀 169	71
歷大觀 8	7	歷大觀 100	41	歷大觀 171	80
歷大觀 16 下	92	歷大觀 101	12	歷大觀 173	32
歷大觀 40	61	歷大觀 107	52	歷大觀 174	79
歷大觀 42	93	歷大觀 108	82	歷大觀 175	49
歷大觀 43	69	歷大觀 109	51	歷大觀 176	87
歷大觀 45	29	歷大觀 133	83	歷大觀 177	65
歷大觀 47	23	歷大觀 134	22	歷大觀 178	99
歷大觀 48	89	歷大觀 137	1	歷大觀 179	56
歷大觀 51	17	歷大觀 151	48	歷大觀 180	39
歷大觀 54	86	歷大觀 143	47	歷大觀 183	97
歷大觀 56	55	歷大觀 144	19	歷大觀 185	68
歷大觀 57	101	歷大觀 145	40	歷大觀 186	26
歷大觀 60	4	歷大觀 147	25	歷大觀 188	59
歷大觀 67	11	歷大觀 148	5	歷大觀 189	3
歷大觀 68	88	歷大觀 149	46	歷大觀 190	75
歷大觀 72	54	歷大觀 150	44	佚 194	2
歷大觀 73	43	歷大觀 152	73	佚 195	16
歷大觀 74	14	歷大觀 153	72	佚 196	49
歷大觀 75 不全	84	歷大觀 154	78	佚 197	3
歷大觀 79	2	歷大觀 155	15	佚 198	86
歷大觀 80	13	歷大觀 156 下	38	佚 199	11
歷大觀 84	16	歷大觀 158	94	佚 200	22
歷大觀 88	42	歷大觀 159	28	佚 201	38
歷大觀 91	8	歷大觀 161	85	佚 202	78
歷大觀 93	95	歷大觀 163	66	佚 203	47

著錄書	繪圖號	著錄書	繪圖號	著錄書	繪圖號
佚 204	97	佚 234 左上	58	通別一 3.14	38
佚 205	53	佚 234 左下	30	通別一 3.15	40
佚 206	9	佚 234 左下	70	通別一 3.16 部分	31
佚 207	73	佚 236	90	通別一 3.16 部分	57
佚 208	5	佚 237	37	通別一 3.16 部分	60
佚 209	52	佚 238	77	通別一 3.16 部分	62
佚 210	13	佚 239	41	通別一 3.16 部分	64
佚 211	14	佚 240 下	92	通別一 3.16 部分	58
佚 212	50	佚 241	45	通別一 3.16 部分	30
佚 213	39	佚 242	34	通別一 3.16 部分	70
佚 214	23	佚 243	54	外 110	6
佚 215	8	佚 244	79	外 118	88
佚 216	91	佚 245	71	外 120	94
佚 217	1	佚 246	36	外 121	35
佚 218	44	佚 247	40	外 122	85
佚 219	65	佚 248	25	外 128	72
佚 220	48	佚 249	32	外 129	50
佚 221	99	佚 250	74	外 131	51
佚 222	83	佚 251	19	外 132	75
佚 223	69	佚 252	95	外 133	98
佚 224	10	佚 253	15	外 134	12
佚 225	46	佚 254	81	外 136	55
佚 226	26	通別一 3.1	4	外 138	93
佚 227	17	通別一 3.2	13	外 143	101
佚 228	56	通別一 3.3	14	外 204	29
佚 229	43	通別一 3.4	1	外 205	68
佚 230	42	通別一 3.5	23	外 207	21
佚 231	89	通別一 3.6	19	南師 2.130	55
佚 232	80	通別一 3.7	2	南師 2.194	75
佚 233	4	通別一 3.8	47	南師 2.201	72
佚 234 右上	31	通別一 3.9	46	南師 2.208	36
佚 234 右下	57	通別一 3.10	43	南師 2.209	85
佚 234 右中	60	通別一 3.11	44	南師 2.219	97
佚 234 右中	62	通別一 3.12	48	南師 2.219	98
佚 234 右中	64	通別一 3.13	17	南師 2.222	101

著 録 書	繪 圖 號	著 録 書	繪 圖 號	著 録 書	繪 圖 號
南師 2.223	12	文捃 1784	29	敘圃 35	101
南師 2.60	50	文捃 1788	6	敘圃 36	51
續存上 155	101	文捃 1789	21	敘圃 36	86
續存上 1731	75	文捃 1790	7	敘圃 37	78
續存上 1788	93	敘圃 2	39	敘圃 39	25
續存上 1843	94	敘圃 3	42	敘圃 40	88
續存上 1890	72	敘圃 4	40	敘圃 41	85
續存上 1955	85	敘圃 5	41	敘圃 44	87
續存上 1966	36	敘圃 6	16	敘圃 45	83
續存上 2046	97	敘圃 7	2	敘圃 45	99
續存上 2046	98	敘圃 8	22	敘圃 47	95
續存上 2153	12	敘圃 9	49	敘圃 49	69
續存上 2201	55	敘圃 10	43	敘圃 50	90
續存上 2208	67	敘圃 12	38	敘圃 53	26
續存上 2208	68	敘圃 13	45	敘圃 61	68
文捃 1723	35	敘圃 14	46	敘圃 62	37
文捃 1729	24	敘圃 15	52	敘圃 64	29
文捃 1736	33	敘圃 16	47	敘圃 66	21
文捃 1740	75	敘圃 17	48	敘圃 70	84
文捃 1743	20	敘圃 18	1	敘圃 72	92
文捃 1745	72	敘圃 19	4	敘圃 74	36
文捃 1746	94	敘圃 20	3	敘圃 75	80
文捃 1747	28	敘圃 21	5	敘圃 75	82
文捃 1748	87	敘圃 22	44	敘圃 77	34
文捃 1754	36	敘圃 24	12	敘圃 79	100
文捃 1756	59	敘圃 25	10	敘圃 80	89
文捃 1759	68	敘圃 26	11	敘圃 81	72
文捃 1764 不全	102	敘圃 27	13	敘圃 85	61
文捃 1773	84	敘圃 27	23	敘圃 85	77
文捃 1775	67	敘圃 29	17	敘圃 95	35
文捃 1776	100	敘圃 30	9	敘圃 96	59
文捃 1778	18	敘圃 31	15	敘圃 98	7
文捃 1780	63	敘圃 32	54	敘圃 99	93
文捃 1781	51	敘圃 33	14	敘圃 106	6
文捃 1783	82	敘圃 34	8	敘圃 107	73

著 録 書	繪 圖 號	著 録 書	繪 圖 號	著 録 書	繪 圖 號
敍圃 109	79	敍圃 116	98	敍圃 126	97
敍圃 111	50	敍圃 121	18	敍圃 127	96
敍圃 114	81	敍圃 123	94	敍圃 128	19
敍圃 115	55	敍圃 124	71	敍圃 129	65

表六 《繪園》甲骨綴合表

繪園號	綴　合　號	綴　者	出　　處
4	合集 34444(安明 2411)+合集 32418[佚 233、通別一 3.1、國博(16+109)、歷大觀 60、敘圃(19+110)]	周忠兵	《歷組卜辭新綴三十例》,《古文字研究》第 26 輯,中華書局,2006 年。
13	合補 10418[合集 32103(後上 22.1、善 76、通 251)+合集 32228(佚 210、通別一 3.2、國博 120、歷大觀 80、敘圃 27)]	蔡哲茂	蔡綴 104,《大陸雜志》第 76 卷第 3 期,1988 年 3 月。
14+18	[合集 32215(續存上 1824)+合 34124(佚 211、通別一 3.3、國博 136、歷大觀 74、敘圃 33)]+國博 133(文捃 1778、敘圃 121)	林宏明	醉古集 288,甲骨新綴第 361 例,先秦,2012 年 9 月 15 日。周忠兵:《歷組卜辭新綴三十例》,《古文字研究》第 26 輯,中華書局,2006 年。
17	合補 10605[合集 18915(善 6200)+合集 34150(佚 227、通別一 3.13、國博 98、歷大觀 51、敘圃 29)+合集 35290(善 1815)]	蔡哲茂	蔡綴 218,《大陸雜志》第 82 卷第 4 期,1991 年 4 月。
23	合集 33049(歷拓 10654、續存下 803)+合集 32724(佚 214、通別一 3.5、國博 91、歷大觀 47、敘圃 27)	周忠兵	《甲骨新綴十一例》,《殷都學刊》2007 年第 2 期。
37	合補 6552[合集 2402(掇二 162、續存下 534)+合集 19976(佚 237、國博 5、歷大觀 4、敘圃 62)]+合集 21172(京人 3146)	裘錫圭 黄天樹	《甲骨綴合拾遺》,《古文字論集》,中華書局,1992 年,第 6 片。《甲骨新綴 11 例》,《考古與文物》1996 年第 4 期;又收入《甲骨拼合集》,學苑出版社,2010 年,第 31 則。
53	合集 33469 上半(粹 964+誠 315)+合補 9035(合集 33474+合集 33501)	蔡哲茂 林宏明	蔡綴 189,《大陸雜志》第 68 卷 6 期,1984 年 6 月。林宏明:《甲骨新綴第 127 例》,2010 年 10 月 11 日;又收入《契合集》,萬卷樓,2013 年,第 127 則。
69	〖[合集 22299(京人 389)+合集 22473(佚 223、歷大觀 43、國博 10)李愛輝綴合]+京人 3144+綴彙 521[合 13179 乙(甲 212)+合 13179 甲(甲 257)嚴一萍綴合]〗+合 34576(京人 3091)	嚴一萍 李愛輝 蔣玉斌	《甲骨拼合第 223 則》,先秦,2013 年 5 月 13 日;《甲骨綴合彙編》,花木蘭文化出版社,2011 年,第 521 組。
93	合集 21099[通別一 3.16、佚 234、國博 11。原拓左下部原誤綴別片,當刪去)]+合集 27072(合集 1213、續存上 1788、國博 2、外 138、歷大觀 42、敘圃 99、南師 2.202)	蔣玉斌	蔣玉斌綴第 002
98	合集 34923(續存上 2199、善 9995)+合集 34854(國博 150、續存 2.2046、南師 2.219、外 133、敘圃 116)	林宏明	《甲骨新綴第 155—156 例》,先秦,2010 年 12 月 12 日。

表七　引用甲骨著録書簡稱表

簡　稱	著　録　書
合集	《甲骨文合集》(全十三册),郭沫若主編,胡厚宣總編輯,中華書局,1978—1982 年
合補	《甲骨文合集補編》(全七册),彭邦炯、謝濟、馬季凡,語文出版社,1999 年
佚	《殷契佚存》,商承祚,金陵大學中國文化研究所影印本,1933 年
通別一	《卜辭通纂·別録之一》,郭沫若,日本東京文求堂石印本,1933 年
鄴初	《鄴中片羽初集(上下)》,黃濬,北京尊古齋影印本,1935 年
南師	《戰後南北所見甲骨録·南北師友所見甲骨録》,胡厚宣,北京來薰閣,1951 年
續存	《甲骨續存(上下編)》,胡厚宣,上海群聯出版社,1955 年
外	《殷虛文字外編》,董作賓,臺北藝文印書館,1956 年
蔡續	《甲骨文合集補遺續(四—十五)》,蔡哲茂,《大陸雜志》,1988—1997 年
蔡綴	《甲骨綴合集》,蔡哲茂,中研院歷史語言研究所外版書,臺灣樂學書局有限公司,1999 年
綴彙	《甲骨綴合彙編》,蔡哲茂,臺灣花木蘭文化出版社,2011 年
歷大觀	《中國歷史博物館藏法書大觀》,史樹青主編,上海教育出版社,2001 年
拼合	《甲骨拼合集》,黃天樹主編,北京學苑出版社,2010 年
國博	《中國國家博物館館藏文物研究叢書·甲骨卷》,中國國家博物館編,上海古籍出版社,2007 年
醉古	《醉古集——甲骨的綴合與研究》,林宏明,臺灣萬卷樓,2011 年
契合	《契合集》,林宏明,臺灣萬卷樓,2013 年
文捃	《甲骨文捃》,曾毅公,中國社會科學院歷史研究所藏本
敍圃	《敍圃甲骨釋文》,何遂,國家圖書館藏本